AF285393

Die Seelen der Farben

Kerstina von Hagenberg

Leitfaden für einen farbenfrohen Alltag

Bibliografische Information der Deutschen
Nationalbibliothek:
Die Deutsche Nationalbibliothek verzeichnet diese
Publikation in der Deutschen Nationalbibliografie;
detaillierte bibliografische Daten sind im Internet über
http://dnb.dnb.de abrufbar.

© 2021 Kerstina von Hagenberg
Titelbild: pixabay

Herstellung und Verlag: BoD – Books on Demand,
Norderstedt

ISBN: 9783755726302

„Wär´ das Aug nicht sonnenhaft,
die Sonne könnt es nie erblicken,
läg nicht in uns des Gottes eigene Kraft,
wie könnt uns Göttliches entzücken.“

~ Johann Wolfgang von Goethe ~

Inhaltsverzeichnis

Farbwahrnehmung

Es gibt keinen Bereich im Leben, in dem Farben keine Rolle spielen.
Das Phänomen der Farbwahrnehmung beinhaltet physikalische, physiologische und psychologische Aspekte.

Licht und Farbe gehören untrennbar zusammen. Wenn man einen Sonnenstrahl mit Hilfe eines Prismas bricht, erhält man 7 Spektralfarben. Von diesen sind Rot, Gelb und Blau die Hauptfarben. Die individuelle Färbung kommt zustande, weil die molekulare Struktur einen Teil der Farben durchlässt und einen anderen reflektiert. Diesen reflektierten Teil nehmen wir als Farbe wahr.

Das menschliche Auge ist in der Lage, ungefähr 200 Farbtöne zu unterscheiden und etwa 500 Helligkeitswerte wahrzunehmen.

Die visuelle Wahrnehmung erfolgt durch Rezeptoren auf der Netzhaut des Auges.
So genannte Stäbchenzellen ermöglichen das Sehen in der Dämmerung, Zapfenzellen das Erkennen der Farben.
Die Farbvalenz entsteht durch Reaktionen der Netzhaut auf die Farben Rot, Blau und Grün.

Kommt es zu Farbblindheit, Farbsinnstörungen oder Farbfehlsicht, funktionieren die Zapfen entweder nur eingeschränkt oder gar nicht.
Farben enthalten Sinneindrücke, die durch das Auge und das Gehirn vermittelt werden.
Über die Augen dringt Licht, und die dadurch reflektierten Farben, in das Gehirn und in den Hypothalamus, der für die Hormonausschüttung zuständig und im limbischen System aktiv ist.
Farben verbinden sich also mit Emotionen, Energien und Empfindungen, die auf die psychischen und körperlichen Ebenen einwirken.

Man unterscheidet zwischen tonischen (heißen, öffnenden, aktiven) Farben wie Rot, Orange und Gelb, und atonischen (kalten, passiven, zusammenziehenden) Farben wie Blau und Violett. Grün gilt als neutrale, passive Farbe.

Frauen sind in der Regel für Farbempfindungen sensibler als Männer.

Aus psychologischer Sicht haben Empfindungen durch Farben einen fließenden Charakter.
Willensimpulse dagegen treten in zeitlosen Intervallen auf. Deshalb sind Veränderung durch Farbtherapien nicht immer sofort spürbar oder verbinden sich nicht ad hoc mit einer Aktion.

Bei der richtigen Farbwahl kann aber auch schnell eine spürbare Reaktion eintreffen.

Grundsätzlich bestehen keine Nebenwirkungen und man kann Farben auch nicht Überdosieren. Wenn aber eine Farbe zur falschen Zeit benutzt wird, kann es zu Überreaktionen kommen, – so wirkt zum Beispiel die Farbe Rot bei vorhandenen Aggressionen unterstützend auf die innere Unruhe.

Mit entsprechenden Farben kann Harmonie und Wohlgefühl gefördert werden.

Es gibt noch weitere Farbanwendungen, die hier nicht angesprochen werden, wie zum Beispiel die Aura Soma Therapie.

Dieser Leitfaden soll als Einführung in ein sehr umfangreiches Thema dienen, das in jeder Heilkunde einen Platz hat und zu einem farbenfrohen Alltag anregen.

Wegbereiter

In allen großen Kulturen war die Sonne die Spenderin des Lebens, der Mittelpunkt des Seins. Dem Sonnenlicht wurde neben den göttlichen Strahlen auch eine vitalisierende, und vor allen Dingen heilende Wirkung zugeschrieben.

Bereits in der Antike war auch die Lichtbrechung ein Thema, da sie für die Positionsbestimmung von Gestirnen in der Astronomie wichtig war.

In den frühen Hochzivilisationen wurden Farben als natürliche Heilquellen genutzt. Aus mythologischen Schriften geht hervor, dass Farben auch mit Tönen, Zahlen, Symbolen, Edelsteinen, Sternzeichen, Planeten, Mineralien und Metallen in Verbindung gebracht werden.

Euklid von Alexandria (300 v. Chr.) vermutete, dass vom Auge ausgehende Sehstrahlen die Gegenstände farbig abtasten.

Laotse (300 v. Chr.) verstand die sieben Hauptfarben als Ausdruck göttlicher Urkraft.

Aristoteles (384 – 322 v. Chr.) untersuchte Farbmischungen. Er definierte sieben Farben vom Weiß zum Schwarz.
Für ihn waren die Farben Schwarz, Dunkelblau, Grün, Purpurrot, Scharlachrot, Gelb und Weiß Abwandlungen des Lichtes. Rot, Grün und Purpur bestimmte er als reine Farben.

Demokrit (um 460 – 370 v. Chr.) nahm an, dass Atome, die von Gegenständen ausgestrahlt werden, ein farbiges Abbild erzeugen. Für ihn stellten Weiß, Schwarz, Rot und Grüngelb die Grundfarben dar, aus denen er weitere Mischfarben ableitete.

Platon (427 – 347 v. Chr.) ging davon aus, dass Sehstrahlen von den Augen ausgesendet werden. Für ihn gab es die vier Farben Weiß, Schwarz, Rot und eine glänzende Farbe. Er glaubte daran, dass sich der Sehstrahl bei Weiß ausdehnte und bei Schwarz zusammen zog. Mischte man Rot, Weiß und die glänzende Farbe entstand nach Platon gelb.

Leonardo Da Vinci (1452 – 1519) orientierte sich an den vier „primären Farben" Gelb, Grün, Blau und Rot. Er sah in Farben eine Offenbarung der Harmoniegesetze der Natur.

Francois d'Aguilon (1566 – 1617) erklärte, dass die einfachen Farben Grundlage für alle anderen (Misch –) Farben sind. Zwischen Weiß und Schwarz lagen für ihn Gelb, Rot und Blau.

Aron Sigfrid Forsius (1550 – 1637) behauptete in seinem Werk „Physica" von 1611: „Unter den Farben gibt es zwei Primärfarben, Weiß und Schwarz, in denen alle anderen ihren Ursprung haben." Er entwickelte eine Farbenkugel, in die er zwischen Weiß und Schwarz, Rot auf der einen und Blau auf der anderen Seite postierte, Gelb zwischen Weiß und Rot, Blassgelb zwischen Weiß und Gelb und Orange zwischen Gelb und Rot stellte.

Isaac Newtons (1642 – 1726) Experimente mit einem Prisma brachten Erkenntnisse auf physikalischer Grundlage. Seine Untersuchungen veröffentlichte er in dem Werk „Opticks" (1704). Mit Hilfe eines dreieckigen Prismas wies er die Farben als Bestandteile des Lichts nach. Dabei fand er die fortlaufende Folge des Spektrums, welches sich aus den unterschiedlichen Wellenlängen ergab: Rot, Orange, Gelb, Grün, Blau und Violett. Das fehlende Purpurrot entstand für ihn durch das Mischen der Wellenlängen Violett und Rot.

Newton stufte Licht als heterogen ein.
Seiner Meinung nach setzte sich weißes Licht
aus buntem Licht zusammen.

Johann Wolfgang von Goethe (1749 – 1832)
schätzte seine Forschungen zur Farbe höher ein,
als sein gesamtes literarisches Schaffen. In hohem
Alter sagte er: „Auf alles, was ich als Poet geleistet
habe, bilde ich mir gar nichts ein. Dass ich aber
in meinem Jahrhundert in der schwierigen
Wissenschaft der Farbenlehre der einzige bin, der
das Rechte weiß, darauf tue ich mir etwas zugute."
Er widersprach Newtons Erkenntnissen und
versuchte sie zu widerlegen. Isaac Newton hatte
versucht nachzuweisen, dass sich das weiße Licht
aus farbigen Lichtern zusammensetzt, dagegen
versuchte Goethe zu zeigen, dass sich Farben aus
einer Wechselwirkung von Licht und Finsternis
ergaben. Für Goethe gab es nur zwei reine Farben:
Blau und Gelb.

Eugéne Chevreul (1786 – 1889), war ein
französischer Chemiker, der Pflanzenfarbstoffe
isolierte, wie zum Beispiel Indigo. Er entwickelte
aus den drei Grundfarben Rot, Gelb und Blau
einen Farbkreis mit 24 Mischfarben für jede
Grundfarbe, der Kreis bestand also insgesamt
aus 72 Farben.

Chevreuls Studien dienen heute als Vorlage für die gängigen Schulfarbkasten.

Johannes Itten (1888 – 1967), ein Künstler aus der Schweiz, gilt als Begründer der Farbtypenlehre, deren Hauptschwerpunkt sich auf sieben Farbkontraste bezieht.

Farben in der Kunst

„So wie ein Wort erst im Zusammenhang mit anderen Worten seine eindeutige Bedeutung erhält, genauso erhalten die einzelnen Farben erst im Zusammenhang mit anderen Farben ihren eindeutigen Ausdruck und genauen Sinn.“
~ Johannes Itten ~

Alles auf dieser Welt erscheint ohne Licht schwarz. Farben machen deutlich, wie wichtig Licht für das Wirken dieser Welt ist.

Die Grundfarben Rot, Blau und Gelb werden auch <u>Primärfarben</u> genannt. Werden sie untereinander gemischt, entstehen die <u>Sekundärfarben</u> Grün, Orange und Lila.

Bestimmte Farbzusammenspiele können positiv, harmonisch, warm oder aufbauend wirken, während andere negativ, kalt, disharmonisch oder erdrückend strahlen.
Sie können nah oder fern wirken.

Das Empfinden beim Wahrnehmen von
Farben gestaltet sich sehr individuell.
Jede Farbe kann sich in verschiedener Weise
ausdrücken; – durch den Farbcharakter,
die Helligkeit, den Sättigungsgrad,
dem Mengenverhältnis, der Flächengröße
und der Kontrastwirkung.

Farben wirken miteinander. Ein gelber Fleck auf
einem weißem Hintergrund wirkt größer als auf
einem Schwarzen. Ein roter Fleck wirkt auf Weiß
kleiner, als auf Schwarz.

Gelb
Gelb ist die lichtvollste aller Farben.
Es verliert diesen Charakter aber in Verbindung
mit Grau, Schwarz oder Violett.
Wird Gelb auf Rosa gemalt, geht die Strahlkraft
von Gelb unter.
Malen wir Gelb auf Orange unterstützen sich
beide Farben in ihrer Attraktivität.
Gelb auf Dunkelgrün harmonisiert, aber Gelb
strahlt stärker.
Violett und Gelb wirken zusammen hart und
unerbittlich.
Auf mittelhellem Blau wirkt Gelb fremd und
abweisend und strahlt Kälte aus.

Mittelblau verschluckt Gelb und lässt es träge erscheinen.

Auf Rot wirkt Gelb unterstützend; beide Farben strahlen gemeinsam Aktivität, Durchsetzung und Dominanz aus.

Gelb auf Weiß wirkt dunkel, das Gelb wird verdrängt und verliert an Ausstrahlung.

Wird Gelb auf Schwarz gemalt erhält es eine intensive, helle und aggressive Leuchtkraft, es wirkt scharf, kompromisslos und abstrakt.

Rot

Rot ist eine empfindliche Farbe. Es schlägt leicht in Orange oder Violett um.

Rotorange auf Orange wirkt brandig, dunkel, ohne lebendige Kraft und wie ausgedörrt.

Rot auf Dunkelbraun spendet trockene Wärme.

Auf Schwarz entfaltet Rot seine ganze Intensität und wirkt wie unbesiegbare Leidenschaft.

Rot wirkt auf Grün frech, hitzig, ordinär und auffällig.

Auf Grünblau vermittelt Rot ein Gefühl wie aufwallendes Feuer.

Rot in Kombination mit anderen Rottönen wirkt lebendig und stechend.

Blau

Blau wirkt auf Gelb dunkel und schwach.

Auf Schwarz verteilt Blau seine helle, klare und reine Kraft.

Blau auf Lila wirkt zurückgezogen, leer und müde. Je intensiver das Lila ist, desto schwächer erscheint das Blau.

Dunkelbraun und Blau animieren sich zu Aufregung und Unruhe.

Auf Rotorange erhält Blau ein starkes Leuchten und behauptet sich.

Blau auf sattem Grün erstickt, wenn es nicht mit einem Rotstich ausweicht.

Blau auf Orange wirkt stolz.

Grün

Da Grün eine Farbe der 2. Ordnung ist, hängt der Ausdruckscharakter von den Farbstärken in Gelb und Blau ab.

Grün auf grauem Hintergrund vermittelt Trägheit, Faulheit und Langsamkeit.

Gelbgrün in Orange steht für hohe Aktivität mit einem leicht ordinären Zug.

Blaugrün auf Eisblau wirkt aggressiv und einnehmend.

Orange

Orange besitzt strahlende, warme, aktive Energie.
Orange in Weiß vermittelt festliche Fröhlichkeit
und Freude.
Seine Aussagekraft verliert Orange in Schwarz,
diese Kombination wirkt stumpf.
Orange in Mittelbraun symbolisiert gediegene
Freundlichkeit und eine wohltuende Atmosphäre.

Violett

Violett steht für Einsamkeit, das Unbewusste
und Geheimnisse. Es wirkt drohend und
beeindruckend.
Violett vermittelt Frömmigkeit und Spiritualität.
Dunkelviolett wird mit Tod und Finsternis
verbunden.
Blauviolett hingegen symbolisiert Hingabe,
spirituelle Liebe und Zärtlichkeit.
Rotviolett wird mit Liebe und keimenden
Energien verbunden.
Violett in Gelb wirkt gefühlsbetont und fromm.

Farbpunktur nach Peter Mandel

Der Anatom Becher machte 1954 Entdeckungen,
die heute eine Grundlage für die Therapie mit
Farben darstellen. Er stellte ein Verbindung vom
Auge zum Vegetativum, dem Endocrinum und
der Psyche her.
Das vegetative System hat eine Beziehung zu
allen Organen. Dadurch wird verständlich, wie
Farbschwingungen auf den Organismus einwirken.

Auch über die Haut des Menschen werden
Informationen aufgenommen und weiter gegeben,
was die Therapie mit Farbbestrahlungen möglich
macht.

Die moderne Medizin verwendet schon lange
Blau – oder Rotlichtbestrahlungen.

Dr. Ernst Möller (1899 – 1978) entwickelte
1962 eine Therapie mit Farbheillampen.

Peter Mandel lokalisierte Zonen auf dem
menschlichen Körper, die den drei Grundfarben
Rot, Gelb und Blau entsprechen.
Diese Punkte befinden sich von unten nach
oben auf der Wirbelsäule und stellen quasi
ein Reservoir des Schwingungspotentials der
jeweiligen Grundfarbe dar.

Claudius Galenus (131 v. Chr.) formulierte die Lehre von den Temperamenten. Er unterschied vier Wesensformen der Menschen, die er als melancholisch, cholerisch, sanguinisch und phlegmatisch bezeichnete.

Peter Mandel stellt diese vier Charaktere den vier Farbtemperamenten gegenüber. Er lokalisierte Zonen, die sich auf der Wirbelsäule befinden und diesen Temperamenten entsprechen. Über diese Zentren kann auf die Gesamtverfassung Einfluss genommen werden.
Die in den Farben verborgenen Heilkräfte entsprechen ihren eigenen Charakteren.
Diese Therapieform verbindet die Erkenntnisse der Farb – und Lichttherapie mit denen der Akupunktur. Die Meridiane, die körperlichen Energiebahnen, leiten die Impulse weiter.

Indikationen mit Farben nach Peter Mandel:

Rot ist die Farbe des Lebens, der glühenden Sonne und des Feuers. Mit Rot wird Liebe, Wut, Freude und Zorn identifiziert. Es ist die Farbe mit der größten Intensität und vertritt das cholerische Temperament.

Anwendungsgebiete: Durchblutungsstörungen, Herz – und Lungenerkrankungen, Muskelleiden, geschlossene Wunden, Entzündungen, Asthma, Hautkrankheiten, chronischer Husten, Anämie, Kehlkopfkrankheiten, nässenden Flechten und Frostschäden.

Rot macht gesprächig, erregt, heiter, hastig, eifrig, leidenschaftlich und fördert den Fleiß. Langsame und träge Kinder sollten mit rotem Licht ihre Schularbeiten machen.

Blau ist die Farbe der Ruhe, der Stille und der Unendlichkeit und entspricht dem melancholischen Temperament. Es gilt als kalte Farbe und wirkt entspannend. Blau ist die Farbe des Endokriniums und der Hypophyse.

Anwendungsgebiete: bei eitrigen Prozessen, Schmerzen, Hämorrhoiden, Warzen, verschiedenen Herzleiden, Schlaflosigkeit, Blutungen, Impotenz, klimakterischen Beschwerden, es reguliert die Kontraktion der Muskeln, Gewebe und Bänder.

Blau fördert Stille, Schweigen, Entkrampfung und Zurückhaltung.
Zappelige Kinder sollten Schularbeiten vor blauem Licht erledigen.

Gelb ist das Symbol der im Zenit stehenden Sonne und gilt als heiße Farbe. Es geht konform mit dem sanguinischen Temperament. Gelb wirkt lösend und erlösend. Laut Peter Mandel steht es analog zur hinteren Gehirnhälfte und dem Intellekt.

Anwendungsgebiete: fördert die Verdauung, stärkt die Nerven, regt den Magen an, wirkt aufheiternd, hilft bei Erkrankungen im Verdauungssystem, der Leber, der Blase, der Galle, den Nieren und unterstützt das Drüsensystem.

Unzufriedene Menschen wechseln unter Bestrahlung mit Gelb ihren Gesichtsausdruck. Gelb fördert den Lerneifer und die Konzentration bei Kindern und wirkt günstig auf den Intellekt.

Grün gilt als neutraler Faktor und steht analog zum phlegmatischen Temperament.

Anwendungsgebiete: Bronchialkatarrh, Diabetes, Keuchhusten, Gelenkentzündungen, chronische Erkrankungen, Geschwüre, Geschwülste, Zysten und Augenkrankheiten.

Grün wirkt ausgleichend, bringt Zufriedenheit und Frieden, sediert, beruhigt und entspannt.

Feine Arbeiten können unter grünem Licht leichter erledigt werden.

Orange ist die Farbe der Heiterkeit und des Frohsinns und macht wach.

Anwendungsgebiete: Unzufriedenheit, Anämie, Pessimismus, Psychosen, Trübsinn, Depressionen, Angst, Appetitlosigkeit, Herzinsuffizienz und Morgenschläfrigkeit.

Es steigert den Ehrgeiz, wirkt aufheiternd und erwärmt das Herz.
Arbeitsunlustige Menschen bekommen Kraft und Freude an ihrer Arbeit durch oranges Licht.

Lichtgrün fördert den Intellekt, stärkt die Nerven und bringt Entspannung.

Anwendungsgebiete: Verdauungsprobleme, Entgiftungen, klimakterische Beschwerden, Keuchhusten, Nervenentzündungen, Lähmungen, Nierenerkrankungen und Diabetes.
Alle Krankheiten, die man mit Gelb bestrahlt, können mit Lichtgrün schonender behandelt werden.

Gelborange fördert den Intellekt und den Willen, bringt Herzenswärme und Heiterkeit mit sich.

Die Anwendungsgebiete gleichen denen, die unter Orange aufgeführt sind.

Violett ist als Farbe des Geistes bekannt. Sie wirkt auf das Unterbewusstsein, gibt geistige Kraft und bringt neue Erkenntnisse. Violett reguliert die Energie zwischen Körper und Seele.

Anwendungsgebiete: Milzerkrankungen und Lymphstörungen.

Violett verstärkt Meditationen und fördert die Inspiration.

Dunkelblau oder Indigoblau ist die vorletzte Schwingung im sichtbaren Spektrum und gilt als intuitive Farbe, die ebenfalls Meditationen fördert.

Die Indikationen gleichen denen, wie sie unter Blau beschrieben sind, – die Wirkung wird aber verstärkt.

Die Lüscher Farbdiagnose

Max Lüscher lebte von 1923 bis 2017 und
war ein Schweizer Psychologe und Philosoph.
Er veröffentlichte 1947 einen Farbtest zur
Einschätzung der menschlichen Persönlichkeit
anhand bestimmter Farbkarten.
Sein Buch „Der Lüscher – Test" wurde in mehr
als 30 Sprachen übersetzt.
Seine Farbdiagnostiken schätzen den seelischen
und körperlichen Zustand des Menschen ein, seine
Belastbarkeit und seine Kommunikations – und
Leistungsfähigkeit. Die Wahl der Farben führt zu
unterschiedlichen Persönlichkeitstypen.
Eine Form der Analyse wird als Farben – Denken
bezeichnet und unterscheidet in vier Denktypen,
die Gelb, Blau, Grün und Rot zugeordnet werden.
Die Ergebnisse der Charakterstrukturen werden
durch das Ergänzen mit Farbnuancen erreicht.

Der gelbe Denktyp agiert rezeptiv, er nimmt Informationen auf und ist empfänglich für Anregungen.

Dieser Denktyp ist ein aufmerksamer Beobachter und Entdecker. Er ist aufgeschlossen für Neues und liebt Veränderungen, von denen er stets Positives erwartet.

Der Gelb – Denker mag die Unabhängigkeit.

Er legt Wert auf Sinnerfahrungen, deshalb wirken durch ihn erzielte Resultate oft verspielt oder naiv.

Der blaue Denktyp besitzt einen wohlwollenden, ruhigen, einfühlsamen Charakter.

Er ist Harmonie bedürftig und meidet unbequeme Auseinandersetzungen.

Im Denken bezieht er sich auf schon Erlerntes und Erlebtes.

Der Blau – Denker reagiert reflexiv, er verbindet neue Erkenntnisse mit vorhandenem Wissen.

Er sucht nach nach dem Wesentlichen und den Zusammenhängen und Gemeinsamkeiten der Angelegenheiten.

Aber er kann auch so in Grübeleien versinken, dass er es versäumt, aktiv zu werden oder eine Entscheidung zu treffen.

Der grüne Denkertyp ist der Logiker, der sachlich, rational und kritisch Themen bearbeitet.
Für ihn sind eine feste Basis, Stabilität und Sicherheit wichtig.
Er denkt objektiv und orientiert sich an Idealen.
Der Grün – Denker versucht alles zu ordnen und zu strukturieren.
Er überarbeitet Wissen, indem er es analysiert, neu definiert und exakt vergleicht.
Seine Art wirkt manchmal steril.

Der rote Denkertyp agiert provokativ und herausfordernd.
Er will alte Muster durchbrechen und neue Wege finden.
Er sucht nach anderen Betrachtungsweisen, nach neuen Ansätzen und Blickwinkeln.
Der Rot – Denker ist der Eroberer und Anführer, der gerne wahrgenommen wird.
Er schmiedet oft große Pläne und verfolgt sie auch manchmal mit Ungeduld.

Farben im Ayurveda

Nach der indischen Ayurveda Therapie stehen Farben in einer bestimmten Beziehung zu verschiedenen Geweben im menschlichen Körper. Die sieben natürlichen Grundfarben, die im Regenbogen sichtbar werden, erhalten im Ayurveda heilende Bedeutungen.

Durch die Zusammenhänge wird deutlich, wie die sieben Farben verwendet werden können, um das Gleichgewicht zu erhalten oder wieder zu erlangen.

Die Bedeutungen der einzelnen Farben nach Ayurveda:

Rot hat eine Beziehung zum Blut und fördert den Farbstoffanteil der roten Blutkörperchen. Außerdem erzeugt es Hitze im Körper und regt den Kreislauf an. Es hilft den Teint der Haut zu erhalten und gibt dem Nervengewebe und dem Knochenmark Energie.

Orange wirkt erwärmend.
Es erhält den Glanz der Haut und nutzt gegen Hauterkrankungen.
Orange versorgt die Geschlechtsorgane mit Kraft und Energie.
Es fördert die Spiritualität.

Gelb regt das allgemeine Verständnis und die Intelligenz an. Es mindert egoistisches Verhalten.

Grün hat eine beruhigende Wirkung auf den Geist und erzeugt ein Gefühl von Frische.

Hellgrün hat die Eigenschaften von Gelb und Grün. Gelbgrün hat einen beruhigenden Einfluss auf den Geist.

Blau ist die Farbe des reinen Bewusstseins.
Es wirkt beruhigend auf Körper und Geist.
Blau lindert Pigmentstörungen der Haut und wirkt positiv bei Lebererkrankungen.

Purpur gilt als Farbe des kosmischen Bewusstseins.
Es bewirkt ein Gefühl von Leichtigkeit und öffnet die Wahrnehmung.

Chakren und Farben

Chakren sind an die indische Mythologie angelehnte Energiezentren, die sich auf der Körper – Mittellinie befinden. Sie treiben die Lebensenergie durch den gesamten Körper.
Der Begriff „Chakra" stammt aus dem Sanskrit und bedeutet übersetzt „Rad".
Meistens ist von sieben Chakren die Rede, in Tibet kennt man nur sechs. Außerdem soll es zwei Chakren außerhalb des Körpers geben und 122 weitere Sekundärchakren, die sich in Gelenken oder Nervengeflechten befinden.
Der älteste Text, der sich mit den Chakrafarben befasst, sind die Upanischaden.

1. Chakra:
Das Wurzelchakra, wird Muladhara genannt und liegt in der Höhe der Genitalien.
Zu ihm gehört die Farbe Rot.
Tonisierend auf dieses Energierad wirken Rot und Orange. Sedierend arbeiten Blau, Grün und Violett.

2. Chakra:
Das Sakralchakra heißt Svadhistana.
Es befindet sich über dem Schambein.
Seine Farbe ist Orange.

Tonisierend beeinflussen Rot und Orange dieses Chakra, sedierend Blau, Grün und Violett.

3. Chakra:
Das Solarplexus Chakra liegt oberhalb des Bauchnabels und wird Manipura genannt.
Zu ihm gehört die Farbe Gelb.
Tonisiserend wirken Gelb und Orange, sedierend agieren Grün und Blau.

4. Chakra:
Das Herzchakra heißt Anahata. Es befindet sich in der Brustbeinmitte.
Seine Farbe ist Grün, das ebenso tonisierend auf das Chakra wirkt, wie Orange. Sedierend arbeiten Blau und Grün.

5. Chakra:
Vishuddha, das Halschakra, befindet sich im Kehlkopf, der sogenannten Drosselgrube.
Seine Farbe ist das Blau.
Orange, Blau und Grün wirken tonisierend auf dieses Energierad, Grün, Gelb, Blau und Violett sedierend.

6. Chakra:
Dieses Chakra heißt Ajna und wird auch das 3. – Auge – Chakra genannt.
Es sitzt zwischen den Augenbrauen.

Seine Farbe ist Violett.
Tonisierend agieren Blau, Violett und Orange,
sedierend Grün und Blau.

7. Chakra:
Das Kronenchakra wird Sahasrara genannt.
Es befindet sich auf dem höchsten Körperpunkt,
über dem Scheitel.
Weiß und Violett sind seine Farbe.
Tonisierend wirken Blau, Violett und Grün. Es gibt
keine sedierenden Farben für dieses Energierad.

Auch jeder Finger soll eine eigene Farbe
ausstrahlen. Daumen und Zeigefinder strahlen
Rot, die Mittelfinger Grün, die Ringfinger Blau
und die kleinen Finger Violett.

Unsere „Aura" entsteht angeblich durch die
Rotation der Chakren.

Farben in der chinesischen Tradition

Die traditionelle chinesische Anschauung stützt sich auf die fünf Elemente: Wasser, Feuer, Holz, Metall und Erde, welchen auch die Farben zugeordnet sind.

Schwarz ist die Farbe des Wasser – Elementes. Es ist in China ein Symbol für den Winter und den Norden.
Ihm werden die Organe Niere und Blase zugeordnet.
Schwarz steht für Ehre, hohe Würden und Glück.
Das Zeichen Yin, die weibliche Seite, wird schwarz markiert.

Weiß verbindet sich als Farbe mit dem Metall – Element.
Es steht für den Herbst und den Westen.
Lunge und Dickdarm gehören zu dieser Farbe.
Weiß ist ein Zeichen für Helligkeit, Reinheit und Erfüllung.
Das Zeichen Yang, die männliche Seite, wird weiß markiert.

Rot steht als Farbe für das Feuer – Element.
Es steht für den Sommer und den Süden.
Dünndarm, Dreifacherwärmer, Pericard und
das Herz sind Rot zugeordnet.
Diese Farbe gilt als Symbol für Freude, Glück
und Wohlstand.

Grün ist die Farbe des Holz – Elementes.
Es ist in China ein Symbol für den Frühling
und den Osten.
Ihm sind Leber und Gallenblase als Organe
zugewandt.
Grün steht für das Leben, die Gesundheit und
Vitalität.

Gelb ist die Farbe der Erde.
Es symbolisiert das Zentrum und ist mit
dem sechsten Monat verbunden.
Milz und Magen gehören zu Gelb.
Gelb steht für Ausgeglichenheit und Neutralität.

Feng Shui

Die Aufgaben des Feng Shui bestehen darin, in jedem Umfeld die Harmonie zwischen den Menschen und seiner Umgebung herzustellen.
Farben sind bei diesen Anwendungen Hilfsmittel. Entscheidend ist das Zusammenspiel bestimmter farblicher Kombinationen und die mit dem Thema verbundenen Platzierungen.
Feng Shui beinhaltet auch weitere Anregungen in Bezug auf die Standorte der Möbel; – zum Beispiel soll ein Spiegel nicht gegenüber einer Tür gehangen werden.
Das System ist weitaus umfangreicher, als hier dargestellt.
Feng Shui wird in vielen Bereichen angewendet: bei der Wohnungseinrichtung, bei der Gestaltung von Gärten, zu feierlichen Anlässen, zum persönlichen Stimulieren, in Kliniken und zur Unterstützung bei Krankheiten.

Als Vorlage dient das **Bagua**.
Dieses Gitter besteht aus neun Quadraten, die aus den acht Trigrammen bestehen, die auch im I Ging genutzt werden. Das Bagua – Raster dient als Vorlage, um eine optimale Ausrichtung zu finden.
Ausgebildete Berater benutzen zusätzlich einen speziellen Kompass, der LoPan genannt wird.

4 Reichtum Finanzen Zufriedenheit	9 Ruhm Erfolg Veränderungen	2 Partner Ehe Beziehungen
3 Familie Gesundheit Ideen	5 Zentrum Selbst	7 Kinder Kreativität
8 Wissen Bildung Persönlichkeit	1 Karriere Lebensweg Interessen	6 Freunde Hilfen

▲

Eingang

Das Bagua soll so mit dem Grundriss
übereinstimmen, dass der Eingang
auf den Positionen 8, 1 oder 6 liegt.

Quadrat Nr. 4

Element:	Holz
Ausrichtung:	Südosten
Themen:	Reichtum, Finanzen, Zufriedenheit
Aktivierende Farben:	Grün, Braun
Ergänzende Farben:	Kombination Rot, Blau

Quadrat Nr. 9

Element:	Feuer
Ausrichtung:	Süden
Themen:	Anerkennung, Ruhm, Ansehen, Erfolg, Veränderungen
Aktivierende Farben:	Rot, Orange, Gelb, Purpur
Ergänzende Farben:	Ocker, Beige, Braun; Kombination Grün, Braun

Quadrat Nr. 2

Element:	Erde
Ausrichtung:	Südwesten
Themen:	Beziehungen, Ehe, Partnerschaften
Aktivierende Farben:	Ocker, Beige, Braun
Ergänzende Farben:	Gold, Silber, Weiß

Quadrat Nr. 3

Element:	Holz
Ausrichtung:	Osten
Themen:	Gesundheit, Familie, Ideen
Aktivierende Farben:	Grün, Braun
Ergänzende Farben:	Rot; Kombination: Blau und Grün

Quadrat Nr. 5

Element:	Erde
Ausrichtung:	Zentrum
Thema:	Das Selbst

Quadrat Nr. 7

Element:	Metall
Ausrichtung:	Westen
Themen:	Kinder, Kreativität
Aktivierende Farben:	Gold, Silber, Weiß
Ergänzende Farben:	Kombination Purpur, Silber

Quadrat Nr. 8

Element:	Erde
Ausrichtung:	Nordosten
Themen:	Bildung, Wissen, Weisheit, Persönlichkeitsentwicklung
Aktivierende Farben:	Ocker, Beige, Braun
Ergänzende Farben:	Kombination Gold, Silber und Weiß

Quadrat Nr. 1

Element:	Wasser
Ausrichtung:	Norden
Themen:	Karriere, Berufung, Lebensweg, Interessen
Aktivierende Farben:	Blau, Schwarz
Ergänzende Farben:	Kombination Beige, Gelb

Quadrat Nr. 6

Element:	Metall
Ausrichtung:	Nordwesten
Themen:	Hilfreiche Menschen, Freunde, Geben und Nehmen
Aktivierende Farben:	Gold (Gelb), Silber, Weiß (Grau)
Ergänzende Farben:	Kombination Silber, Purpur

Alle Bereiche sollen in Harmonie zueinander stehen. Wird ein Segment zu stark betont, kann ein anderes Thema darunter leiden.

Farben in kulturellen Traditionen

Blau

In manchen Ländern im Orient, aber auch in
Osteuropa, werden Türen und Fenster in Blau
gestrichen, weil dies Harmonie, Glück und
Segen symbolisiert.
In China symbolisiert Blau die Unsterblichkeit.
In Indien werden verschiedene Gottheiten mit
blauem Kopf oder mit blauer Hautfarbe dargestellt.
Ein blau gemalter Elefant wird dort als Zeichen
für Vergeistigung und Erleuchtung angesehen.

Gelb

Im Orient, in Ägypten, Russland und in
manchen Balkan – Ländern ist Gelb eine
typische Farbe für Hochzeiten.
Gelb ist die Farbe des Lamaismus.
Im 10. Jahrhundert wurden in Frankreich
die Türen von Verrätern mit Gelb gestrichen.

Weiß

Bei Hochzeitskleidern symbolisiert Weiß
die Reinheit und Unbeflecktheit der Braut.
Weiß ist in Japan und China die Farbe der
Trauer und des Todes.

Rot

In Japan ist Rot die Farbe der Frauen.

In manchen Regionen in Zentralafrika werden Kranke mit rotem Ton bemalt, um die Lebenskraft anzuregen.

In Südafrika bringt man den Tod und Trauer mit Rot in Verbindung.

In alten Ägypten schminkten sich die Töchter der Pharaonen mit Rot. Durch sie wurde das Schminken von Fingernägeln, Wangen und Lippen modern.

Orange

Orange präsentiert in Irland den Protestantismus.

In den Niederlanden gilt Orange als Farbe der Freiheit.

In Ägypten wird Orange mit Trauer verbunden.

Im Buddhismus ist Orange die Farbe der höchsten Stufe menschlicher Erleuchtung, weshalb die Gewänder der Mönche häufig Orange sind.

Schwarz

In Indien umranden Mütter die Augen ihrer Kinder mit schwarzem Ruß oder Kajal, um sie vor Bösem zu schützen.

Grün

Als Symbol der Hoffnung stellen wir einen Weihnachtsbaum auf.

Irland repräsentiert durch die Farbe Grün den Katholizismus.

Bei den Mayas stand Grün für Gesundheit und Vitalität. Sie ließen sich Jadesteine in die Zähne setzen, um sich vor Krankheiten zu schützen.

Violett

Im Feminismus symbolisiert Violett den Anspruch der Frauen auf die Gleichberechtigung.

Im Buddhismus finden sich neben Orange und Gelb viele Gewandungen in Violett.

Violette Bekleidung markiert die Rangfarbe der Bischöfe.

Bunt

Der „Día de los Muertos" (Tag der Toten) ist in Mexiko ein kunterbuntes Volksfest.

In Westafrika tragen Trauernde zu Begräbnissen bunte Kleider.

Farben in Träumen

In Träumen vorkommende Farben ziehen meistens Verbindungen zu prägenden Eindrücken aus der Vergangenheit.

Wenn zum Beispiel eine Autoritätsperson immer ein Kleidungsstück in einer bestimmten Farbe trug, kann das Auftauchen dieser Farbe im Traum mit Eindrücken durch diese Person geprägt sein.

Bei der Analyse ist das individuelle Gefühl, das Farben in Träumen vermitteln, vorrangig wichtig.

Farbige Träume stehen für ein lebhaftes Unterbewusstsein und Sensibilität.

Grün kann seine Bedeutung in der Ernährung, der Pflege, der Gesundheit darstellen und wirkt meistens positiv. Es steht mit Pflanzen und Fauna und dadurch mit dem Wachstum in Verbindung. Grün kann aber auch auf Neid, Eifersucht oder Boshaftigkeit hinweisen.

Reisevorbereitungen können sich durch Grün anzeigen.

Rot wirkt dynamisch und antreibend, aber auch aggressiv. Es kann sich auf Erregung und Auseinandersetzungen beziehen.

Es ist auch die Farbe für Liebe und Leidenschaft und kann romantische Träume ausschmücken.

Gelb und **Orange** wirken aufhellend, erheiternd und aufregend. Sie können aber auch auf Furcht, Neid oder Feigheit hinweisen.
Gelb steht mit geistiger Freiheit in Verbindung und dem Bedürfnis, Wissen und Weisheit zu vermehren. Gelb erinnert an Gold und Glanz.

Blau wirkt entspannend und kommunikativ.
Es kann aber auch Melancholie oder Einsamkeit darstellen.
Wird Blau mit dem Himmel assoziiert, verbreitet es ein Gefühl von Weite und Sicherheit. Steht Blau in Verbindung mit einem tobenden Meer, vermittelt es Unruhe, Gewalt und Machtlosigkeit.

Schwarz ist eine Form von Lichtlosigkeit.
Es kann Trauer wie auch Trost in sich tragen.
Oft wird Schwarz mit einer Beendigung oder einem Neuanfang interpretiert.
Es trägt das Ungewisse und Unerkannte in sich.

Weiß trägt alle Farben in sich. Es steht für Reinheit, Unberührtheit und Sensibilität und vermittelt oft positive Emotionen.
Auch in Form eines Totentuches kann Weiß die Hoffnung für den Neuanfang zeigen.

Wirkungskreise einzelner Farben

Rot hat eine zentrierende Wirkung und fördert dadurch Wohlbefinden und Harmonie. Es strömt Dynamik aus und gibt Kraft für Neues. Rot stärkt das Durchsetzungsvermögen, die Vitalität, die Selbsterkenntnis und persönliche Klarheit. Es unterstützt den Glauben an Wunscherfüllungen, öffnet für wahre, bedingungslose Liebe und stärkt Willenskraft und Leidenschaft.
Rot ist aber auch eine Warnfarbe, verbunden mit Aggressionen, Wut, Zorn, Lüge und Schuld.
Sein Planet ist der Mars, sein Sternzeichen der Widder. Als Edelstein wird ihm der Rubin zugeordnet, unter den Metallen Kupfer und Eisen.

Hellrot verhilft zu bedingungsloser Leidenschaft. Es verleiht Willenskraft und stärkt den Intellekt.

Dunkelrot lässt die Spiritualität erblühen und stärkt die persönliche Energie.

Scharlachrot verstärkt Freude und motiviert vorhandene Energie.

Purpurrot verdeutlicht tiefe Schönheit. Es stärkt die Sehkräfte und das „innere Auge". Purpurrot steigert die Kreativität. Es verhilft zu Einsicht und Aufmerksamkeit.

Rosa unterstützt die Energie universeller Liebe und verhilft zu Ausgeglichenheit, Harmonie und Balance. Es verstärkt das Sozialempfinden, die Menschenliebe und eine positive Beziehung zur Natur. Rosa fördert friedvolles Handeln. Zu seinen Eigenschaften zählen Idealismus, Nächstenliebe, Dankbarkeit, Ordnung, Empathie und Versöhnung. Negative Eigenschaften sind Arroganz, Dominanz, Egoismus und emotionale Abhängigkeit.

Hellrosa reinigt von Disharmonie und wirkt beruhigend. Es verbreitet tiefe geistige Liebe und Mitgefühl. Rosa unterstützt zarte, sensible Wesen und die Selbstannahme.

Rosenrosa vermittelt eine sehr weibliche Energie. Es verbindet mit Mutterliebe, Fürsorge und Wertschätzung. Rosenrosa verstärkt die Sinnlichkeit und die Sexualität. Es verbindet das irdische Dasein mit der Spiritualität.

Koralle stimuliert die sensorische Wahrnehmung und Vorstellungskraft. Es steigert die Sinnlichkeit und bringt Schönheit in die Kreativität und den persönlichen Ausdruck. Koralle verbessert die Kooperation und den Gemeinschaftssinn.
Es mildert den Schmerz bei unerfüllter Liebe.
Mit der Farbe Koralle lassen sich Enttäuschungen leichter verarbeiten.

Blasskoralle hilft den Verlust von Liebe zu überwinden. Es wirkt unterstützend, um das Leben zu meistern, Ängste zu verlieren und durch Prüfungen zu wachsen.

Magenta gilt als Notfall – Farbe.
Es wirkt unterstützend bei Schock, Trauma, Unfällen und in spirituellen, psychischen und emotionalen Notlagen. Magenta hat eine beruhigende, nährende und aufbauende Wirkung. Es lässt Energie und Mut fließen und die Kraft der Liebe spüren. Magenta bringt Spiritualität in den Alltag, Friede, Erfüllung und Lebenskraft. Es vermittelt transformative Energie, Inspiration und Vertrauen in eine höhere Führung.
Magenta regt Problemlösungen an.

Tiefmagenta hilft neue Strukturen zu erkennen und anzunehmen. Es vertieft die innere Weisheit. Tiefmagenta hilft, Intuition praktisch umzusetzen und Spiritualität in den Alltag zu integrieren. Unsicherheit geht durch diese Farbe verloren. Das Gottvertrauen wird verstärkt und Heilenergie kann empfangen werden. Tiefmagenta zeigt neue Strukturen auf, die das Leben verändern können.

Pink unterstützt die Selbstliebe, Selbstannahme und Selbstakzeptanz. Es lässt die Spiritualität aufleuchten.

Blasspink unterstützt die bedingungslose Liebe.

Gelb gibt Wärme für zwischenmenschliche Beziehungen. Es wirkt aufhellend, bringt Freude und Wohlgefühl mit sich und stärkt die Vitalität. Es wirkt Depressionen entgegen und erhellt den Alltag. Gelb stärkt die Konzentration, den Intellekt, den Lerneifer und die Spontanität. Es gilt als Farbe der Esoterik und fördert geistige Erkenntnis und Klarheit. Gelb hilft die Triebe zu beherrschen.

Negative Eigenschaften zeigen sich durch Neid, Geiz, Eifersucht, Rachsucht, Täuschung und Egoismus.
Sein Planet ist der Merkur, seine Sternzeichen sind der Stier und die Waage. Der Granat wird ihm als Edelstein zugeordnet und als Metall Quecksilber.

Hellgelb bringt Entzücken, Leichtigkeit und Freude ins Leben. Es unterstützt künstlerische Talente und die Kreativität. Hellgelb vermittelt wahre Inspiration und stärkt die Weisheit. Es regt höhere Aspekte des Intellekts an.

Zitronengelb fördert Zufriedenheit und Freude. Mentale und emotionale Verbundenheit werden durch Zitronengelb verstärkt. Es hilft starke Depression zu bekämpfen und stärkt den Optimismus, die Positivität und das Wohlbefinden. Es kann Erinnerungen hervorrufen.

Orange vermittelt eine erfrischende, belebende Energie. Es fördert den Sinn für Heiterkeit, Freude und Spaß. Orange lindert Depression und tiefe Ängste. Es hilft Schockerlebnisse und Enttäuschungen zu überwinden. Orange bringt Heiterkeit, Frohsinn und Herzenswärme mit sich.

Es stärkt den Willen, den Ehrgeiz und die Kraft, das Leben in die Hand zu nehmen. Es fördert den Intellekt, die Kontaktfreude, Kreativität und Lerneifer.
Orange kann aber auch Oberflächlichkeit ausstrahlen, Leichtigkeit, Aufdringlichkeit und Mangel an Pflichtgefühl.
Orange untersteht der Sonne. Sein Sternzeichen ist der Löwe. Der Diamant wird ihm als Edelstein zugeordnet und Gold als Metall.

Hellorange verstärkt die Herzenswäme und herzliches Denken. Es fördert geistige Erkenntnisse und vermittelt Heiterkeit.

Dunkelorange fördert die Selbstentfaltung. Es weckt starke Empfindungen und die Sexualität.

Grün unterstützt die Konzentration, Logik, Analysefähigkeit und Feinmotorik. Es erhöht die Aufmerksamkeit und das Gespür für Details. Grün fördert die Entscheidungsfähigkeit und hilft bei Neuanfängen und einer neuer Liebe. Es fördert das Gleichgewicht des Herzens und verhilft zu innerer Einheit.

Es bringt Ausgleich zwischen Gefühl und Intellekt. Grün hilft dabei, die Lebensaufgabe zu verstehen und anzunehmen. Es wirkt entspannend, sedierend und beruhigend. Zu seinen Eigenschaften zählen Harmonie, Fruchtbarkeit, Hoffnung, Wachstum, Gelassenheit, Großzügigkeit und Beständigkeit. Negativ wirken sich Neid, Müdigkeit, Eifersucht, Gleichgültigkeit und Gefühlsschwankungen aus. Grün ist die Farbe der Naturwissenschaften und der Mathematik.

Saturn ist ihm als Planet zugeordnet, der Krebs als Sternzeichen und als Edelstein der Türkis.

Hellgrün unterstützt die innere Freiheit und die Kreativität. Es regt das geistige Verständnis an. Hellgrün hilft dem eigenen Leben zu vertrauen und eine neue Sicht auf die Zweckmäßigkeit zu gewinnen.

Blassgrün hilft die Wege der Wahrheit zu erkennen. Es erhellt den eigenen Lebensweg und verstärkt die Selbstannahme. Blassgrün stärkt den Wunsch, Erfahrungen mit Menschen auszutauschen und Zeit mit ihnen zu verbringen.

Dunkelgrün gilt als Heilfarbe des Herzens.

Tiefgrün vermittelt zwischen Denken und Fühlen.

Moosgrün wirkt heilend bei Liebeskummer
und unerfüllter Liebe.
Es verstärkt die Naturverbundenheit.

Smaragdgrün steigert die innere Stärke, Mut
und Sicherheit. Das Herz wird harmonisiert
und ausgeglichen. Führungsqualitäten werden
verbessert und die Vaterenergie bewusster.
Es unterstützt die Arbeit mit Pflanzen und Tieren.
Smaragdgrün hilft bei der Selbstverwirklichung
und stärkt das „dritte Auge.".

Tiefjadegrün steht als Farbe für einen Neuanfang
in der Liebe.

Blassolivgrün lässt alte Weisheiten erkennen
und neu umsetzen.
Es unterstützt die Freude, mit anderen zu teilen.

Olivgrün enthält eine erlösende Energie.
Es befreit von tiefen Ängsten, emotionalen
Schockzuständen und negativen Gefühlen.
Olivgrün fördert die Empathie und das
Einfühlungsvermögen, Solidarität und Sinn
für Gleichberechtigung. Es stärkt die weibliche
Führungskraft. Olivgrün hilft Vertrauen in die
eigene Intuition zu erlangen, dadurch zu wachsen
und die innere Wahrheit wahrzunehmen.

Hellgelbgrün fördert den Intellekt und die
Nervenkraft.

Türkis verbessert die Herzkommunikation und
bringt Klarheit in Herzensangelegenheiten und
emotionale Beziehungen.
Es unterstützt Lösungen für emotionale Konflikte.
Türkis zeigt neue Perspektiven, um einfache Wege
zu Problemlösungen zu finden.
Es unterstützt den kreativen Ausdruck und erhöht
die Aufmerksamkeit.
Klares sprechen und Kooperation mit anderen
wird durch Türkis gefördert.
Es verbindet mit dem höheren Lebensziel.
Neue Erfahrungen in der Natur werden verstärkt
und die Bindung zu ihr.

Helltürkis verhilft zu Entspannung und innerer Ruhe. Es stärkt die Nervenkraft, die Empathie, das Einfühlungsvermögen und die Harmonie. Helltürkis verbindet das Bewusstsein mit „höheren Quellen". Es verstärkt die Kommunikation mit Engeln und fördert die Arbeit mit Musik, Kristallen und Energien. Helles Türkis vereint Seele und Geist. Es vermittelt Wachsamkeit, Bewusstsein und Klarheit.
Es wirkt aber auch kühl, isoliert und distanziert.

Tieftürkis hilft, die persönliche Wahrheit zu finden.

Blau wirkt entspannend und beruhigend und ermöglicht innere Harmonie und Wohlbefinden. Es verhilft den inneren Dialogen zum Ausdruck. Blau verbessert das Verständnis für andere, unterstützt den friedlichen, liebevollen Umgang miteinander und eine klare Kommunikation.
Es unterstützt Zärtlichkeiten.
Für Kinder dient Blau als optimale, allgemeine Unterstützung. Auch bei der Suche nach dem „inneren Kind" ist es förderlich.
Blau wird als Farbe der Unendlichkeit bezeichnet.
Blau unterstützt Wissenschaft, Entwicklung und Forschung.

Der Planet Jupiter wird Blau zugeordnet und die Sternzeichen Schütze und Steinbock. Als Edelsteine werden Hyazinth und Saphir verbunden, unter den Metallen Zinn und Blei.

Hellblau fördert den inneren Frieden und das Vertrauen zu sich selbst. Es stellt ein Gleichgewicht zwischen Macht und Liebe her. Hellblau vermittelt Gemeinschaftssinn und Herzensgüte. Zurückhaltung und Schweigen werden unterstützt. Hellblau löst starke Empfindungen aus und wirkt entkrampfend.

Blassblau lässt Frieden schließen und weckt die spirituelle Inspiration.

Königsblau verstärkt das Gefühl für die Ganzheit, bringt Vertrauen und Gewissheit mit sich. Es unterstützt die Wahrnehmung. Die persönliche Entschlossenheit wird gefördert und erleichtert das Handeln. Es sorgt für friedliche Kommunikation, für Ruhe, Intuition, Pflichtgefühl, Schutz, Schönheit, Sehnsucht, Treue und Loyalität. Zu den negativen Eigenschaften zählen Neugier, Traumtänzerei, Tagträumerei, Nachlässigkeit, Melancholie und Starre.

Indigoblau verstärkt telepathische Fähigkeiten, die Intuition und klare Visionen.

Es klärt Gedanken und Emotionen, fördert die Frömmigkeit und zeigt höhere geistige Funktionen auf.

Indigoblau gilt als Farbe der Kunst und Mystik.

Violett unterstützt Heilung und Harmonisierung. Es verhilft zu tiefem inneren Frieden und Wohlbefinden. Violett verbindet das Bewusstsein mit der spirituellen Welt. Es fördert die Liebe zur Spiritualität und geistiger Erkenntnis. Tiefe Erfahrungen und geistiger Austausch werden gefördert.

Gegenseitige Liebe wird unterstützt.

Violett lässt neue Wege und Möglichkeiten sichtbar werden. Es befreit von Traurigkeit und bringt Hoffnung, Inspiration und Glaube mit sich. Die negativen Eigenschaften zeigen sich durch Arroganz, Stolz, Illusionen und Träumereien.

Violett ist die Farbe des Unterbewusstseins und fördert Meditation, Gebet und Kontemplation.

Sein Planet ist der Mond, seine Sternzeichen Jungfrau und Zwilling.

Der Beryll gilt als Edelstein, Silber als Metall.

Hellviolett vermittelt tiefe Ruhe und wird als Engel – Energie bezeichnet. Es unterstützt die Empathie und das Unterscheidungsvermögen. Hellviolett lässt Lernaufgaben annehmen, zeigt Problemlösungen auf und entbindet von der Vergangenheit. Es lässt Schönheit erkennen. Geistige Kraft und innerer Frieden werden unterstützt. Hellviolett hilft bei inneren Reisen und Transformationen.

Flieder verhilft zu Wertschätzung.
Es wirkt transformierend, erneuernd und reinigend.
Flieder bringt Einfühlungsvermögen und Verständnis mit sich und heilt Herz und Seele.

Tiefviolett unterstützt tiefe Freude und wirkt allgemein aufbauend.
Es stärkt den Gefühlsausdruck und die friedliche Kommunikation.
Tiefviolett vermittelt ein Schutzgefühl und stärkt die Verbindung zur Spiritualität.

Rotviolett hilft Enttäuschungen zu überwinden.

Gold beinhaltet eine harmonisierende, klärende, ausgleichende und bereichernde Energie.
Es verbindet mit der Fülle der Schöpfung und verstärkt den Zugang zur spirituellen Weisheit.
Gold unterstützt das unabhängige Denken und hilft bei der Individualisierung.
Es erleichtert die Anpassung. Gold gilt als allgemein reinigende und entstörende Farbe.
Es steht für spirituellen Reichtum, Weisheit, Lebenskraft und Selbstwert.
Materielle Abhängigkeit, Gier, Machtmissbrauch und Geiz zählen zu den negativen Eigenschaften.

Goldgelb erhellt den inneren Weg.

Blassgold unterstützt die Objektivität und die Wahrheit. Es verstärkt Liebe ohne Forderungen.

Tiefgold verhilft zur Selbsterkenntnis.

Silber harmonisiert das Denken und das Verständnis für Kernthemen. Es vermittelt ein Gefühl für Einheit. Silber stärkt Energien auf allen Ebenen.

Grau vermittelt eine schützende Distanz.
Es wirkt gegen Euphorie, Angst, Furcht und Geiz.
Grau symbolisiert das Undurchdringliche.
Es steht für Neutralität, Kompromissbereitschaft
und Vorsicht.
Aber es birgt auch Langeweile, Eintönigkeit,
Unsicherheit, Tarnung und Passivität.

Braun unterstützt das Gefühl für wichtige Dinge.
Es vermittelt Nestwärme und Geborgenheit.
Es verhilft zu Erdung, Demut, Sicherheit,
Vernunft und Humor.
Braun fördert aber auch Skepsis, Unordnung,
Überbelastung, Reizbarkeit und Mangel an
Begeisterung.

Regenbogen stärkt auf allen Ebenen.
Es unterstützt die Liebe, die Harmonie und
die Heilung.

Weiß ist aus physikalischer Sicht die Summe aller
Farben. Es steht für Reinheit, Klarheit, Weisheit,
Unschuld, Empfindsamkeit, Inspiration,
Spiritualität und Bewusstsein, aber auch für Kälte.

Schwarz absorbiert alle Lichtfrequenzen und wird deshalb mit Dunkelheit in Verbindung gebracht, mit der Finsternis, den Schatten und dem Unbewusstem.
Zu den positiven Eigenschaften gehören Würde, Ansehen, Schutz und Feierlichkeit.
Negativ wirken Furcht, Geheimnis, Trauer, Schicksal und Angst.

Anwendungsmöglichkeiten

Seelenbilder herstellen
Jeder hat Lieblingsfarben, die positiv auf die Stimmung wirken.

Bestimme deine Lieblingsfarben oder suche diejenigen heraus, die mit einem Thema oder Anliegen in Verbindung stehen.

Es geht nicht darum, ein Bild mit realen Dingen zu erschaffen. Aus simplen Strukturen, Ovoiden, Doodles, Zentangel oder Mandalas können ganz persönliche Seelenbilder entstehen, die dich in deinem Anliegen verstärken.

Schon durch das Analysieren der Farben gehst du in deine Tiefe und kannst versteckte Sehnsüchte und Wünsche entdecken.

Male aus dem Bauch heraus mit Farben und Formen und drücke dadurch aus, was dich aktuell bewegt.

Inspiriere dich selber und gebe deinen Bildern positive Themen, wie Herzenswunsch, Ziel, Dankbarkeit, Mut, Liebe, Vertrauen, Hoffnung, Befindlichkeit usw.

Synästhesie

In den Werkstätten des Bauhauses wurde in der
Weimarer Zeit eine Harmonisierungslehre
entwickelt, die sich der Sensibilisierung der Sinne
durch Klang und Farbe widmete. Dieser Unterricht
wurde als synästhetische Lehre bezeichnet.

Arbeiten auf Grundlagen der Synästhesie, wie
zum Beispiel das Malen mit Musik oder im
Freien wirken sehr individuell. Von Entspannung,
Motivation, Freude oder Ideenfindungen können
sich viele persönliche Facetten entfalten

Musik und Farben lassen sich individuell
verbinden. Unterschiedliche Musikstile lösen
verschiedene Emotionen aus. Rhythmen und
Instrumente lassen sich mit Farben und Formen
verbinden.

Auch Eindrücke aus dem Umfeld können auf
diese Weise eingebunden werden: ein mit
Menschen belebter Platz ruft andere kreative
Verbindungen hervor, als Bäume, die sich auf
einer stillen Waldlichtung im Wind wiegen oder
das Rauschen eines Wasserfalles oder Wellen
eines offenen Ozeans.

Farbpunktion

Eine korrekte Anwendung mit Farbpunktur kann nur durch einen ausgebildeten Heilpraktiker, Arzt oder anderem Fachpersonal durchgeführt werden. Die Akupressur in Verbindung mit Farbtafeln oder farbigem Licht kann sich aber jeder aneignen. Zum Lokalisieren entsprechender Körperpunkte kannst du auf Fachbücher oder Interneteinträge zurückgreifen oder eine Fachkraft befragen.

Die Anwendung wird verstärkt, wenn du dabei auf eine Farbtafel schaust oder farbiges Licht einschaltest.

Farbstrahler

Du kannst in jeder beliebigen Lampe farbige Glühbirnen anbringen. Die Anwendungen mit farbigem Licht sollten zeitlich begrenzt sein. Die Dauer hierfür hängt von der persönlichen Konstitution ab. Du kannst dich hierbei auf dein Gefühl verlassen. Zu viel rote Bestrahlung macht zum Beispiel unruhig.

Es gibt auch Strahler mit Zeitschaltuhren, um die Morgendämmerung beim Aufwachen zu imitieren.

Farbkarten

Als Vorlage kann buntes Papier oder Tonpapier dienen. Mit dem Blick auf die Farbkarte kannst du zum Beispiel meditieren oder beten.

Ein dauerhaft an der Wand angebrachtes Papier regt immer wieder an, wenn du einen Blick darauf wirfst. Eine gelbe Farbkarte hebt zum Beispiel die Stimmung.

Zur Meditation bietet es sich an, mit Aroma und Musik das Wohlbefinden zu unterstützen.

Wohnraum gestalten

Man kann in der Wohnung Akzente setzen. Farbige Gardinen, Tapeten, Wandanstriche oder Möbel können Defizite im Wohlbefinden beeinflussen.

Heilwasser

Bei diesem einfachen Rezept nach der indischen Heilkunst Ayurveda füllst du ein Glas mit Wasser und wickelst ein buntes Papier herum.

Dieses Glas stellst du vier Stunden in die Sonne. So füllt sich das Wasser mit der Schwingung der Farbe und kann als Heilwasser benutzt werden.

Indikationsbeispiele

Albträume:	Orange, Blau
Angst:	Orange, Lichtgrün, Hellgrau
Appetitlosigkeit:	Orange
Arbeitsunlust:	Orange, Gelb
Aufbrausen:	Blau, Lichtgrün
Aufheitern:	Gelb, Orange
Bettnässen:	Lichtgrün, Blau
Depression:	Orange, Rot, Gelb, Magenta
Depression, tief:	Zitronengelb
Ermüdung:	Blau, Rot
Erregung:	Blau, Lichtgrün
Geiz:	Mittelgrau
Gemütsleiden:	Orange, Violett
Gereiztheit:	Blau, Orange
Liebeskummer:	Rot, Koralle, Moosgrün
Lügen:	Blassgold
Müdigkeit:	Gelb, Rot, Orange
Nerven stärken:	Lichtgrün, Gelb, Helltürkis
Pessimismus:	Orange, Rosa
Schlaflosigkeit:	Blau, Lichtgrün
Schock:	Magenta, Orange
Selbstannahme:	Hellrosa
Trauma:	Magenta
Trägheit:	Rot
Trübsinn:	Rot, Orange
Übelkeit:	Lichtgrün
Unruhe:	Blau, Lichtgrün
Unzufriedenheit:	Orange, Gelb

Literaturtipps und Quellen

* Praktisches Handbuch der Farbpunktur
  von Peter Mandel

* Kunst der Farbe von Johannes Itten

* Die Lüscher Farben von Prof. Dr. Max Lüscher

* Das Ayurveda Heilbuch von Vasant Lad

* Heilung durch Licht und Farben von
  Mario Campana

In der Serie
„ Books to go with you – Bildung und Inspiration
für die Jackentasche "
sind bisher außerdem erschienen:

* Grundlagen chinesischer Heilkunst - Eine
Einführung in Traditionelle Chinesische Medizin

* EQ – Das Herz im Hirn - Ein Leitfaden für
den Alltag mit emotionaler Intelligenz

* Power für die Seele – Ein Leitfaden für
den Alltag mit Positiver Psychologie

* Chakren, die Energiewirbel – Eine Einführung
in die Energie der Chakren